BEI GRIN MACHT SICH IHR WISSEN BEZAHLT

AF138335

- Wir veröffentlichen Ihre Hausarbeit,
  Bachelor- und Masterarbeit

- Ihr eigenes eBook und Buch -
  weltweit in allen wichtigen Shops

- Verdienen Sie an jedem Verkauf

Jetzt bei www.GRIN.com hochladen und kostenlos publizieren

GRIN

Einführung in die Rehabilitationspsychologie

Bibliografische Information der Deutschen Nationalbibliothek:

Die Deutsche Nationalbibliothek verzeichnet diese Publikation in der Deutschen Nationalbibliografie; detaillierte bibliografische Daten sind im Internet über http://dnb.d-nb.de abrufbar.

ISBN: 9783389045466
Dieses Buch ist auch als E-Book erhältlich.

Druck und Bindung: Books on Demand GmbH, Norderstedt Germany
Gedruckt auf säurefreiem Papier aus verantwortungsvollen Quellen

Das vorliegende Werk wurde sorgfältig erarbeitet. Dennoch übernehmen Autoren und Verlag für die Richtigkeit von Angaben, Hinweisen, Links und Ratschlägen sowie eventuelle Druckfehler keine Haftung.

Das Buch bei GRIN: https://www.grin.com/document/1485951

Gliederung

1. Einleitung

In dieser Arbeit werden wir uns mit dem Thema Rehabilitation und insbesondere mit der Rehabilitationspsychologie beschäftigen. Rehabilitation bezieht sich auf die Wiederherstellung der Gesundheit und der Fähigkeiten von Patienten, die durch körperliche oder geistige Erkrankungen oder Verletzungen beeinträchtigt sind. Rehabilitationspsychologie ist ein wichtiger Bestandteil der Rehabilitation, da sie sich mit den psychischen und sozialen Aspekten der Rehabilitation befasst. Im ersten Teil der Arbeit werden wir uns das Salutogenese-Modell von Antonovsky ansehen und Möglichkeiten der Anwendung in einem Reha-Setting diskutieren. Im zweiten Teil werden wir uns die verschiedenen Tätigkeitsfelder von Rehabilitationspsychologen ansehen und deren Aufgaben und die erforderlichen Kompetenzen erläutern. Im dritten Teil werden wir uns mit der Rehabilitation Forschung befassen und Akteure und ihre Projekte vorstellen. Diese Arbeit soll ein Verständnis dafür vermitteln, wie wichtig Rehabilitationspsychologie für die Rehabilitation von Patienten ist und wie sie dazu beiträgt, die psychischen und sozialen Aspekte der Rehabilitation zu berücksichtigen und die Wiedereingliederung von Patienten in die Gesellschaft zu erleichtern.

2. Salutogenese-Modell von Antonovsky

Im ersten Teil der Arbeit soll das Salutogenese-Modell von Antonovsky vorgestellt werden. Zudem werden Möglichkeiten der Anwendung in einem Reha-Setting aufgeführt.

2.1 Erläuterung des Salutogenese-Modells

Das Salutogenese-Modell von Aaron Antonovsky betrachtet die Gesundheit nicht als Abwesenheit von Krankheit, sondern als ein Kontinuum, das von Gesundheit bis hin zu Krankheit reicht. Statt sich auf die Gründe für Krankheit zu konzentrieren, konzentriert sich das Modell auf die Faktoren, die dazu beitragen, dass Menschen trotz belastender Umstände gesund bleiben oder sogar gesünder werden. *(Roch & Hampel, 2019)* Der Begriff "Salutogenese" bezieht sich auf eine zentrale theoretische Perspektive in den Gesundheitswissenschaften und eine bedeutsame Praxisorientierung insbesondere im Bereich der Gesundheitsförderung. Es wurde vom amerikanisch-israelischen Gesundheitswissenschaftler Aaron Antonovsky als Gegenbegriff zur Pathogenese eingeführt, die sich auf die Gründe für Krankheiten und deren Behandlung konzentriert. Antonovsky argumentiert, dass Fortschritte in der Gesundheitsforschung nur dann erzielt werden können, wenn wir uns nicht ausschließlich auf die Frage der Pathogenese konzentrieren. Angesichts der epidemiologischen Befunde, dass Krankheiten nicht die Ausnahme darstellen, sondern ein großer Teil der Bevölkerung zu einem bestimmten Zeitpunkt krank ist, stellt die Erhaltung von Gesundheit die eigentliche Aufgabe dar. Daher hat Antonovsky sich in seinen Monografien (1979, 1987) intensiv mit der Frage der Salutogenese beschäftigt und ein Modell der Salutogenese entwickelt. Dieses Modell hat weltweit umfangreiche Forschungen angestoßen und zur Entwicklung von neuen Ansätzen in der Praxis beigetragen. *(Faltermaier, 2020)* Das Modell besagt, dass Stressoren auf das Gesundheits-Krankheits-Kontinuum in krank machender, neutraler oder gesundheitsfördernder Richtung wirken, je nachdem, wie die Spannungsbewältigung (Coping) erfolgt. Die Spannungsbewältigung hängt davon ab, welche generalisierten Widerstandsressourcen zur

5

Verfügung stehen und wie sie in der Situation genutzt werden können. Diese Ressourcen sind abhängig vom historischen und soziokulturellen Kontext. Das Empfinden von Kohärenz (SOC) entscheidet, ob Ressourcen für Bewältigungsstrategien genutzt werden können. SOC ist eine grundlegende Lebensorientierung, die Verstehbarkeit, Handhabbarkeit und Bedeutsamkeit umfasst. Es kann sowohl unmittelbar auf die physische und psychische Gesundheit als auch auf Gesundheitsverhalten einwirken, hauptsächlich über die Aktivierung der GRR. GRR steht für "generalisierte Widerstandsressourcen" (generalized resistance resources). Es handelt sich hierbei um verschiedene Arten von Ressourcen, die eine Person zur Verfügung hat, um mit Stressoren umzugehen. Dazu gehören beispielsweise materielle Ressourcen wie Geld und Wohnung, Selbstidentität, soziale Unterstützung, kulturelle Stabilität und Gesundheitsbewusstsein. GRR sind nicht statisch, sondern können sich im Laufe des Lebens verändern und sind abhängig vom historischen und soziokulturellen Kontext. Menschen mit einem starken SOC sind besser in der Lage, ihre GRR für die Bewältigung von Stresssituationen zu nutzen und sind deshalb tendenziell gesünder. Ein starkes SOC ist nicht an bestimmte Bewältigungsstrategien gebunden, sondern ermöglicht eine flexible Wahl der Strategien, die situative Bedingungen berücksichtigen. Im Gegensatz dazu, wird ein schwaches SOC eher mit starren Bewältigungsstrategien einhergehen. *(Blättner, 2007, S. 68)* Zusammengefasst geht Antonovsky also davon aus, dass der Gesundheitszustand eines Menschen wesentlich durch das sogenannte Kohärenzgefühl (SOC) bestimmt wird. SOC ist eine individuelle psychologische Einflussgröße, die aus den Komponenten Verstehbarkeit, Handhabbarkeit und Bedeutsamkeit besteht. Ein stark ausgeprägtes SOC ermöglicht es einem Menschen, flexibel auf Anforderungen zu reagieren. Ob sich ein starkes oder schwaches SOC herausbildet, hängt vor allem von den gesellschaftlichen

Gegebenheiten und der Verfügbarkeit von generalisierten Widerstandsressourcen ab. Antonovsky vertritt ein Stresskonzept, bei dem Stressoren nicht grundsätzlich als krankmachend angesehen werden, sondern als Stimuli, die einen physischen Spannungszustand hervorrufen. Das Modell der Salutogenese wurde insbesondere in der Prävention und der Gesundheitsförderung positiv aufgenommen, jedoch ist die Überprüfung des Modells aufgrund seiner Komplexität schwierig und das Konstrukt des SOC weist starke Überschneidungen mit Depressivität und Selbstwirksamkeitserwartungen auf. *(Hogrefe Verlag, 2021)* Das Salutogenesekonzept betont, dass Krankheiten als Teil des normalen Lebens angesehen werden sollten und dass die Aufmerksamkeit auf die Stärkung von Ressourcen und die Unterstützung von Bewältigungsmechanismen gerichtet werden sollte, um das Kontinuum in Richtung Gesundheit zu verschieben. Dieser Ansatz findet Anwendung in Bereichen wie Gesundheitsförderung, Prävention, Rehabilitation und Psychosomatik und ist ein wichtiger Ausgangspunkt für sozialarbeiterische Interventionsmethoden.

2.2 Möglichkeiten der Anwendung in einem Reha-Setting

Im Kontext der ambulanten Suchthilfe können Angebote der Gesundheitsförderung beschrieben werden, die nicht darauf abzielen, Suchterkrankungen zu heilen, sondern die Lebensqualität der Klienten zu verbessern, unabhängig davon, ob sie abstinent von psychotropen Substanzen oder süchtigen Verhaltensweisen sind. Das Ziel ist es, das beschriebene Gesundheits-Krankheits-Kontinuum durch Maßnahmen innerhalb einer chronischen Suchterkrankung und trotz anhaltendem Substanzkonsum in Richtung Gesundheit zu verschieben. *(Von-gehr, S. 2022, S. 16)* In der Therapie von Menschen mit Suchterkrankungen geht es also darum, ihre Gesundheit so weit wie möglich in Richtung eines gesunden Zustands wiederherzustellen. Das Konzept des "sense of coherence" von Antonovsky, dass die Verstehbarkeit, Handhabbarkeit und Sinnhaftigkeit des Lebens umfasst, spielt dabei eine wichtige Rolle. Ein starkes Kohärenzgefühl ermöglicht es Menschen, chaotische, traumatische Erfahrungen zu überstehen, ohne daran zerbrochen zu sein. Antonovsky hat in seinen Untersuchungen gezeigt, dass eine Minderheit von Frauen, die ein Konzentrationslager überlebt hatte, sich nach ihrer Befreiung trotz schwieriger Umstände noch immer gut körperlich und seelisch hielt und weiterleben konnte. Dies ist auf das Kohärenzgefühl und die Sinnhaftigkeit des "In-der-Welt-Seins" zurückzuführen. *(Schiffer, 2001, S.46)* Es gibt derzeit keine klare Antwort darauf, wie das Kohärenzgefühl im Erwachsenenalter gestärkt werden kann, aber es gibt therapeutische Ansätze, die sich auf die Gesundheitsperspektive konzentrieren und dem Konzept der Salutogenese entsprechen. Diese Ansätze betonen die Bedeutung des Wechsels von einer Defizitorientierung zu einer Ressourcenorientierung und von einer Expertenorientierung zu einer Selbstverantwortung der Patienten. Die Diagnostik bezieht sich nicht nur darauf, welche Symptome und Risikofaktoren vorliegen, sondern auch darauf, welche schützenden Faktoren und gesunden Aspekte vorhanden sind. Die Integrative Therapie geht davon aus, dass jeder Person schützende Faktoren innewohnen, die eine wichtige Rolle bei Verhaltensweisen spielen. Diese Faktoren können sowohl innerhalb der Person (z.B. Persönlichkeitsmerkmale, positive Erfahrungen) als auch außerhalb (z.B. soziales Umfeld, Lebensumstände) liegen. Diese schützenden Faktoren können dazu beitragen, Entwicklungskrisen zu vermindern und unterstützen das Individuum und sein soziales Netzwerk. Sie können auch dazu beitragen, das Selbstwertgefühl und die Kompetenzen zu stärken und die Ressourcen sowie die Unterstützung im sozialen Umfeld zu erhöhen, was letztendlich die persönliche Gesundheit, das Wohlbefinden und die Entwicklungschancen fördert. *(Petzold, 1993)* Im Jahr 1991 hat die schweizerische Fachstelle für Alkoholprobleme eine Studie durchgeführt, in der Personen, die ohne therapeutische Hilfe von Alkohol- oder Heroinsucht losgekommen sind, befragt wurden. Die Ergebnisse zeigten, dass der Leidensdruck nicht der entscheidende Faktor für die Genesung war, sondern neue Ziele und Lebensinhalte. Es wurde deutlich, dass Drogenfreiheit allein nicht ausreichend ist und dass es wichtig ist, von Anfang an im therapeutischen Prozess Ziele zu besprechen, die von Drogenfreiheit, Verzicht und Selbstkontrolle beeinflusst werden, aber nicht durch sie erreicht werden. Es ist wichtig, dass die Personen einen Sinn in ihrem Leben finden, um die Bereitschaft zu haben, Drogenfreiheit anzustreben. *(Lukas, 1994, S. 30-41)* Daher ist es in einem Reha-Setting wichtig dem/der Suchtkranke/n bei der Sinnesfindung unter die Arme zu greifen. Petzold beschreibt, dass es nicht nur eine einzige Art von Sinn gibt, sondern viele verschiedene Arten, die immer wieder erfasst, erschaffen und erfunden werden müssen. Der Sinn kann von Person zu Person unterschiedlich sein und unterschiedliche Qualitäten haben. Um über Sinn zu sprechen, müssen wir uns darüber einigen, was wir unter Sinn verstehen. Das Thema kann nur durch Austausch und Begegnungen angegangen werden. *(Petzold, 2000, S.30)* Viele Menschen, die abhängig sind, nutzen Drogen als Mittel, um das Gefühl der Sinnlosigkeit in ihrem Leben zu bekämpfen. Sie haben oft keine Verbindung zu den allgemein anerkannten Werten und Normen und die Droge wird zu einem Mittelpunkt ihres Lebens. Das Leben in der Drogenszene ist geprägt von anderen Werten und Normen, die nicht mit den gängigen gesellschaftlichen Ansichten übereinstimmen. Diese Subkultur hat einen großen

Einfluss auf die Abhängigen und ihre Handlungen und Denkweisen werden von diesen Werten und Normen beeinflusst. *(SKM, 2002, S. 16)* Die Behandlungsmotivation eines Suchtkranken hängt davon ab, welche Werte er hat und welche er akzeptiert. Während der Drogenkonsumphase sind viele Patienten oft ohne Ziel und das Umfeld versucht oft, Ziele für sie zu finden, die nicht ihre eigenen sind. Auch nach dem Verzicht auf Drogen kann es vorkommen, dass die Patienten Ziele verfolgen, die nicht zu ihnen passen oder die sie über- oder unterfordern. Es ist also wichtig, dass der*die Patient*in Unterstützung bei der Suche nach einer erfüllenden Vorstellung von seinem Leben erhält, für die es sich lohnt, auf den Drogenkonsum zu verzichten. Diese positive Zukunftserwartung kann nur erreicht werden, wenn der Patient eine kritische Neubewertung seines bisherigen Lebens vornimmt und seine persönlichen Werte hinterfragt, die seinen bisherigen Drogen-orientierten Lebensstil geprägt haben. Deshalb ist es wichtig, dass der Patient seine Ziele in konkrete und erreichbare Handlungsziele umwandelt und sich dafür einsetzt, um sie zu erreichen.

3. Tätigkeitsfelder von Rehabilitationspsychologen

Rehabilitationspsychologie ist ein Teilgebiet der klinischen Psychologie und eine zentrale Disziplin in der Rehabilitationswissenschaft. Sie beschäftigt sich mit den psychologischen und psychosozialen Auswirkungen von chronischen körperlichen Erkrankungen und Behinderungen sowie deren Prävention und Behandlung. Ziele der Rehabilitationspsychologie sind die Unterstützung bei der Bewältigung der Erkrankung, die Reduzierung psychosozialer Belastungen und die

Behandlung von psychischen Störungen bei Rehabilitanden und deren Angehörigen. Maßnahmen zielen auf die Motivation zur Veränderung und eine Änderung von gesundheitlich riskanten Lebensstilen ab. Rehabilitationspsychologie ist ein angewandtes psychologisches Tätigkeitsfeld, das insbesondere in der medizinischen Rehabilitation von großer Bedeutung ist. *(Dorsch Lexikon der Psychologie, n.d.)* Die Psychologieausbildung an Universitäten und Hochschulen befindet sich in einem Veränderungsprozess, bei dem Bachelor- und Masterstudiengänge eingerichtet werden. Es muss jedoch noch definiert werden, welche Tätigkeitsbereiche Bachelorabsolventen übernehmen können, und welche Masterabsolventen vorbehalten bleiben sollten. Es zeigt sich, dass der Masterabschluss dem früheren Diplomabschluss entspricht. In der medizinischen Rehabilitation müssen Psychologen immer häufiger zusätzlich die Approbation als Psychologischen Psychotherapeuten vorweisen, da sie dort auch psychotherapeutische Aufgaben übernehmen. Es gibt Weiterbildungskonzepte für verschiedene Indikationsbereiche wie Neurologie, Diabetologie, Kardiologie und Onkologie. Rehabilitationspsychologen können sich in verschiedenen Fachverbänden und Berufsorganisationen organisieren. Die Aufgaben von Rehabilitationspsychologen sind vielfältig und umfassen die Unterstützung von Handlungsfähigkeit und Teilhabe durch Beratung, Schulung, Training, Psychotherapie und Gesundheitsförderung. Sie sind auch verantwortlich für Qualitätssicherung und -management, Fortbildung anderer Berufsgruppen, Leitungsaufgaben, sowie grundlagen- und anwendungsorientierte Forschung. Sie setzen sich auch aktiv für die Verbesserung der Lebensqualität von Menschen mit Behinderungen oder chronischen Gesundheitsproblemen ein und engagieren sich in der Entwicklung und Umsetzung gesundheitspolitischer Strategien und Programme zur Realisierung der Ziele der UN-Behindertenrechtskonvention. *(Wolf-Kühn & Morfeld, 2016, S. 6-7)* Im Folgenden Teil der

Arbeit sollen vier verschiedene Tätigkeitsfelder von Rehabilitationspsychologen*innen vorgestellt werden.

3.1 Rehabilitationspsychologen in der Schmerztherapie

Die Kognitive Verhaltenstherapie (KVT) gehört zu den häufigsten psychotherapeutischen Verfahren, die zusätzlich zu medizinischen Maßnahmen bei Patienten mit chronischem Schmerz eingesetzt werden. Sie geht davon aus, dass die
Art und Weise, wie wir mit unseren Gedanken, Gefühlen und Verhalten auf Stress
in unserem Alltag reagieren, körperliche Schmerzen aufrechterhalten oder sogar
verschlimmern kann. Der Schmerz selbst ist oft bereits ein großer Stressfaktor.
In Einzelfällen sind oft komplexe Wechselwirkungen zwischen diesen psychischen Prozessen und organischen/körperlichen Faktoren zu beachten, die eine
gute Zusammenarbeit des behandelnden Arztes mit einem, wenn möglich, auf
Schmerz spezialisierten Psychotherapeuten erfordern. Schmerzzustände, die
ausschließlich durch psychischen Stress verursacht werden, sind relativ selten.
(Hasenbring, n.d.) Die Kognitive Verhaltenstherapie (KVT) ist eine wichtige Methode in der Behandlung von Schmerzerkrankungen. Es gibt Beweise für die
Wirksamkeit dieser Methode und sie wird oft in Kombination mit Verhaltensme-
thoden eingesetzt. Die KVT nutzt kognitive Strategien, um Überzeugungen, Ein-
stellungen, Erwartungen und Schemata zu verändern und direkt auf Verhaltens-
änderungen abzielen. Ein Beispiel dafür ist das Angst-Vermeidungs-Verhalten im
Rahmen von Fear-Avoidance-Modellen, bei dem Angst motiviertes Vermeiden
von Bewegung und Belastung als Ursache für chronisches Krankheitsverhalten

angesehen wird. Dies führt zu einer fortschreitenden Immobilisierung und hat Auswirkungen auf körperlicher und psychosozialer Ebene. Dieser Ansatz hat in den letzten Jahren die Behandlung von Schmerzen beeinflusst. *(Pfingsten, Flor, Nilges, 2015, S. 544-545)*

3.2 Rehabilitationspsychologen in der beruflichen Rehabilitation

Rehabilitationspsychologen in der Beruflichen Rehabilitation unterstützen Menschen, die aufgrund einer Beeinträchtigung oder Erkrankung in ihrer beruflichen Entwicklung beeinträchtigt sind, bei der Durchführung von beruflichen Rehabilitationsmaßnahmen. Sie führen psychologische Tests durch, um die Fähigkeiten und Anforderungen der Rehabilitanden zu bestimmen und erstellen darauf basierend Empfehlungen für die weitere Vorgehensweise. Sie begleiten die Rehabilitanden während der Umschulung oder Qualifizierung und bieten psychologische und psychotherapeutische Unterstützung, um Stress abzubauen, Entspannungsmethoden zu erlernen und die Verarbeitung von Beeinträchtigungen zu unterstützen. Sie arbeiten eng mit dem interdisziplinären Team zusammen und haben auch Kontakt zu Leistungsträgern wie der Bundesagentur für Arbeit oder der Deutschen Rentenversicherung. Sie können auch als Case-Manager fungieren und haben Kenntnisse über verschiedene Berufsfelder und -bilder. *(Wolf-Kühn & Morfeld, 2016. S.72-73)* Die Rehabilitation umfasst alle medizinischen, schulischen und sozialen Maßnahmen, die darauf abzielen, behinderte und chronisch kranke Menschen wieder in die Arbeitswelt und Gesellschaft einzugliedern. Es gliedert sich in drei Phasen: medizinische Rehabilitation, medizinisch-berufliche

Rehabilitation und berufliche Rehabilitation. In der medizinischen Rehabilitation (Phase I) wird in spezialisierten Rehabilitationskliniken, allgemeinen Kliniken oder Krankenhäusern zunächst die Ausheilung eines vorliegenden Leidens angestrebt. In der medizinisch-beruflichen Rehabilitation (Phase II) werden parallel zur medizinischen Rehabilitation berufliche Fördermaßnahmen durchgeführt. In der beruflichen Rehabilitation (Phase III) wird das Ziel verfolgt, die Erwerbsfähigkeit der Menschen mit Behinderung zu erhalten oder wiederherzustellen, indem sie in Arbeit und Beruf beschäftigt werden. Die Dauer der einzelnen Phasen variiert je nach individuellem Förderbedarf und kann bis zu 15 Monaten dauern. *(Arling & Spijkers ,2019, S. 695-697)*

3.3 Rehabilitationspsychologen in der Psychoonkologie

In der Psycho-Onkologie werden Patienten, die an Krebs erkrankt sind, unterstützt. Dies geschieht in verschiedenen Bereichen des Gesundheitssystems, wie zum Beispiel in Akutkliniken, Rehabilitationskliniken und bei ambulanten Nachsorgeeinrichtungen. Die psychoonkologische Betreuung umfasst die Behandlung von Nebenwirkungen der medizinischen Therapie, die Reduktion von emotionalen Belastungen und die Prävention von psychischen Störungen. Patienten erhalten Unterstützung bei der Bewältigung der Krankheit und werden auf die Rückkehr in den Alltag und die Arbeit vorbereitet. Auch die niedergelassenen Ärzte und Krebsberatungsstellen bieten psychosoziale Beratung an. In Institutionen der palliativen Versorgung wie Hospizen und Palliativstationen findet eine psychoonkologische Betreuung statt. Es ist wichtig, dass das Netzwerk psychoonkologischer Institutionen und Dienstleistungen gut aufeinander abgestimmt ist, damit Patienten eine angemessene und rechtzeitige Behandlung erhalten. *(Wolf-Kühn & Morfeld, 2016. S.144-145)* Im Konsiliardienst bieten Rehabilitationspsychologen psychodiagnostische und psychotherapeutische Unterstützung für Patienten im akutmedizinischen oder stationären Setting. Sie arbeiten dabei interdisziplinär mit Ärzten, Pflegepersonal und anderen Fachkräften zusammen, um die psychischen Belastungen und Folgen von Erkrankungen und Behandlungen zu behandeln, emotionale Belastungen zu reduzieren und psychische Störungen zu prävenieren. Sie betreuen sowohl die Patienten als auch gegebenenfalls deren Angehörige und beraten das medizinische Personal. Sie können auf Abruf hinzugezogen werden oder regelmäßig auf der jeweiligen Abteilung oder Station präsent sein. Sie sind verantwortlich für die psychologische Fortbildung des medizinischen Personals und können Behandlungsempfehlungen abgeben, wenn erforderlich. *(Dorsch Lexikon der Psychologie, n.d.)*

3.4 Rehabilitationspsychologen in der psychosomatischen Rehabilitation

Psychosomatische Rehabilitation ist eine Behandlung für Menschen mit psychischen Störungen, die darauf abzielt, Symptome zu reduzieren, die Patienten dazu zu befähigen, aktiv mit ihren Einschränkungen und Belastungen umzugehen und ihre Funktionsfähigkeit im Alltag zu verbessern. Diese Therapie wird von einem multiprofessionellen Team durchgeführt und umfasst verschiedene Ansätze wie die Verbesserung von psychischer Funktion, Reduktion körperlicher

15

Symptome, Erweiterung von Kompetenzen und Verhaltensrepertoire und Förderung sozialer und beruflicher Teilhabe. Psychotherapie ist eine wichtige Form der Behandlung in der Rehabilitation. Es geht darum, die Persönlichkeit zu entwickeln, die Fähigkeiten des Selbst zu stärken und ungünstige Verhaltens- und Beziehungsmuster zu bearbeiten. Patienten sollen die Möglichkeit erhalten, Alternativen und Kompetenzen für den Umgang mit ihren Einschränkungen zu entwickeln. Weitere Angebote wie Tanz-, Kunst- und Musiktherapie, Ergotherapie und Bewegungstherapie helfen Patienten, ihre Gefühle und die Hintergründe ihrer Erkrankungen auf andere Weise zu verarbeiten. Entspannungstraining und Patientenschulungen tragen dazu bei, das Selbstmanagement und eine gesunde Lebensweise zu fördern. Aktivitätsaufbau und Stressbewältigung sind wichtige Aspekte bei der Behandlung von Depressionen. *(Wolf-Kühn & Morfeld, 2016, S. 74-75)*

4. Forschung in der Rehabilitation

Die Rehabilitation ist ein wichtiger Bereich der Gesundheitsforschung, an dem viele Akteure beteiligt sind, wie zum Beispiel Gesetzgeber, Kostenträger und Universitäten, Hochschulen und Rehabilitationseinrichtungen. Durch die Reha-Reformkommission Anfang der 1990er-Jahre wurden umfangreiche Förderprogramme ins Leben gerufen, um innovative Projekte zur Qualitätsentwicklung und Evidenzbasierung von rehabilitativen Interventionen, Entwicklung von Instrumenten zur Feststellung des Rehabilitationsbedarfs, beruflicher Orientierung in der Rehabilitation, Patientenorientierung und Entwicklung und Implementierung von Patientenschulungen durchzuführen. Einige der wichtigsten Themen in der

Rehabilitationspsychologie sind psychologische Schutzfaktoren und Resilienz, Krankheitsbewältigung, Diagnostik, Screening und Therapie psychischer Komorbidität bei chronisch körperlich Erkrankten, psychologische Theoriegrundlagen von Patientenschulungen und Qualitätsforschung in der psychosomatischen und Suchtrehabilitation. In der Forschung werden hauptsächlich quantitative Methoden verwendet, wie standardisierte Befragungen, statistische Zusammenhangsforschung und experimentelle Wirksamkeits- und Evaluationsforschung. Qualitative Methoden spielen bisher eine untergeordnete Rolle. *(Wolf-Kühn & Morfeld, 2016, S. 7)*

4.2 Forschungsprojekt in der medizinischen Rehabilitation

Eine Studie unter der Leitung von Prof. Dr. Beate Muschalla an der Technischen Universität Braunschweig untersucht von Juli 2021 bis Juni 2022 die Weisheitsfähigkeiten in der Allgemeinbevölkerung im Zusammenhang mit chronischen Erkrankungen und Belastungsbewältigung. Das Ziel der Studie ist es, mehr über die Verteilung von Weisheitsfähigkeiten in der Allgemeinbevölkerung, den Zusammenhang dieser Fähigkeiten mit psychischen und chronischen somatischen Erkrankungen und den Bedarf an weisheitsfördernden Interventionen zu erfahren. Dazu werden Befragungsdaten von einer repräsentativen Stichprobe von ca. 2.500 Personen im erwerbsfähigen Alter sowie Älteren erhoben. Zur Erfassung von Weisheitsfähigkeiten wird ein Selbstberichts-Fragebogen eingesetzt und zusätzlich werden soziodemografische Angaben sowie das Vorhandensein von chronischen Erkrankungen und psychotherapeutischen Vorbehandlungen erfasst. Die Ergebnisse können genutzt werden, um die Bewältigung von komplexen Lebensproblemen und Belastungen in der Allgemeinbevölkerung besser zu verstehen und zukünftige Studien zur bewältigungsorientierten Weisheitsförderung zu unterstützen. *(Deutsche Rentenversicherung, n.d.)*

4.1 Forschungsprojekt in der beruflichen Rehabilitation

Das Forschungsprojekt Aufgaben und Nutzen Sozialer Arbeit in der beruflichen Rehabilitation (ANSAB) konzentriert sich auf die Rolle der Sozialen Arbeit in Bezug auf die Teilhabe am Arbeitsleben bei Leistungserbringern. Bisher gibt es wenig Erkenntnisse darüber, wie die Personen in diesem Bereich ihre Aufgaben, insbesondere bei Übergängen zwischen verschiedenen Leistungen, ausüben und wie sie zum Gelingen von Rehabilitationsprozessen beitragen. Ebenso ist wenig bekannt darüber, wie die Rehabilitanden die Soziale Arbeit in diesem Kontext bewerten. Um diese Fragen zu beantworten, wird ein mixed-methods Ansatz verwendet, der sowohl qualitative als auch quantitative Methoden einschließt. Die Ergebnisse werden regelmäßig mit einem Beirat, der hauptsächlich aus Rehabilitanden besteht, diskutiert und evaluiert. Das Ziel ist es, Handlungsempfehlungen für die Soziale Arbeit im Bereich der beruflichen Rehabilitation zu erarbeiten und die Professionalisierung der Sozialen Arbeit in diesem Bereich zu fördern. Dies soll durch die Entwicklung von Lehrplänen für Sozialarbeitsstudiengänge und berufsbegleitende Weiterbildungen erreicht werden. Die Ergebnisse sollen auch in die Wissenschaft, Praxis, Lehre und bei Nutzenden von LTA einfließen. *(Hochschule Düsseldorf, n.d.)*

4.3 Forschungsprojekt in der medizinisch-beruflichen Rehabilitation

Das Forschungsprojekt WORKout hat sich zum Ziel gesetzt, eine App zu entwickeln, die ein individuelles, berufsbezogenes körperliches Training für Menschen mit Beeinträchtigungen anbietet, um ihre berufliche Teilhabe zu fördern. Diese App soll im Kontext der beruflichen Rehabilitation eingesetzt werden und soll sowohl medizinische als auch berufliche Aspekte berücksichtigen. Im Rahmen des Projekts werden verschiedene Methoden der Entwicklung und Evaluation verwendet, um sicherzustellen, dass die App den Bedürfnissen und Anforderungen der Zielgruppe entspricht und ihre Wirksamkeit bei der Förderung der beruflichen Teilhabe nachgewiesen werden kann. Dazu gehören unter anderem:

- Bedarfsanalyse: Um die Bedürfnisse und Anforderungen der Zielgruppe zu erfassen, werden umfangreiche Interviews und Umfragen durchgeführt.

- Konzeption: Basierend auf den Ergebnissen der Bedarfsanalyse wird ein Konzept für die App entwickelt.

- Entwicklung: Die App wird programmiert und getestet, um sicherzustellen, dass sie technisch stabil und benutzerfreundlich ist.

- Evaluation: Um die Wirksamkeit der App zu bewerten, wird sie in einer klinischen Studie getestet. Hierbei werden sowohl die körperliche Fitness als auch die berufliche Teilhabe der Teilnehmer untersucht.

Das Projekt WORKout ist noch in der Entwicklungsphase und hat noch keine Ergebnisse veröffentlicht. Es ist jedoch ein innovatives Projekt, das dazu beitragen kann, die berufliche Rehabilitation von Menschen mit Beeinträchtigungen zu verbessern und ihre berufliche Teilhabe zu fördern. Sollte sich die Wirksamkeit der Intervention bestätigen, könnte ein solches App-gestütztes Training in allen Einrichtungen der beruflichen Rehabilitation als Selbsttraining-Angebot eingeführt werden. Dies würde durch den geringen finanziellen, personellen und organisatorischen Aufwand, dem eigenverantwortlichen Charakter des Trainings und der langfristigen Möglichkeit zur Erweiterung der App um zusätzliche Trainingsinhalte wie Entspannungseinheiten und Achtsamkeitsübungen attraktiv sein. *(Deutsche Rentenversicherung, n.d.)*

5. Fazit

Insgesamt kann man sagen, dass die Rehabilitationspsychologie ein wichtiger Bestandteil der Rehabilitation ist, da sie sich mit der Verarbeitung von Krankheit und Behinderung sowie deren Auswirkungen auf die psychische und soziale Funktionsfähigkeit des Individuums beschäftigt. In der medizinischen, beruflichen und medizinisch-beruflichen Rehabilitation spielt die Rehabilitationspsychologie eine wichtige Rolle bei der Unterstützung von Patienten und Patientinnen bei der Bewältigung von körperlichen und psychischen Einschränkungen sowie der Erreichung der individuellen Ziele. Forschung in diesem Bereich hat gezeigt, dass eine frühzeitige psychologische Betreuung und Unterstützung sowie die Einbindung von Familienmitgliedern und Angehörigen in den Rehabilitationsprozess die Erfolgschancen der Rehabilitation erhöhen kann. Es gibt auch Untersuchungen, die darauf hindeuten, dass die Möglichkeit, wieder am Arbeitsleben teilnehmen zu können, ein wichtiger Faktor für die psychische und soziale Wiedereingliederung ist.

Literaturverzeichnis

Arling, V., Spijkers, W. (2019). Berufliche Rehabilitation in Deutschland. In: Kauffeld, S., Spurk, D. (eds) Handbuch Karriere und Laufbahnmanagement. Springer Reference Psychologie. Springer, Berlin, Heidelberg. https://doi.org/10.1007/978-3-662-48750-1_34

Blättner, B. Das Modell der Salutogenese. *Präv Gesundheitsf* **2**, 67–73 (2007). https://doi.org/10.1007/s11553-007-0063-3

Deutsche Rentenversicherung (n.d.). Aktuelle Projekte. Abgerufen von https://www.deutsche-rentenversicherung.de/DRV/DE/Experten/Reha-Wissenschaften/Forschung/aktuelle_projekte/aktuelle_projekte_index.html#:~:text=Das%20Dezernat%20Reha%20%2DWissenschaften%20der,zentrale%20Kriterien%20f%C3%BCr%20eine%20F%C3%B6rderung.

Deutsche Rentenversicherung (n.d.). Abgeschlossene Projekte. Abgerufen von https://www.deutsche-rentenversicherung.de/DRV/DE/Experten/Reha-Wissenschaften/Forschung/abgeschlossene_projekte/abgeschlossene_projekte_index.html

Deutsche Rentenversicherung. (n.d.). Experten. Abgerufen von https://www.deutsche-rentenversicherung.de/DRV/DE/Experten/Reha-Wissenschaften/Forschung/aktuelle_FSP/FSP_berReha/FSP_berReha_Projekte_index.html

Faltermaier, T. (2020). Salutogenese. [Online]. Verfügbar unter: https://leitbegriffe.bzga.de/alphabetisches-verzeichnis/salutogenese/ [Abgerufen am:19.01.2023].

Hasenbring, M. (n.d.). Schmerzpsychotherapie aus verhaltenstherapeutischer Sicht. Abgerufen von https://www.dgpsf.de/fuerpatienten/schmerzpsychotherapie/schmerzpsychotherapie-aus-verhaltentherapeutischer-sicht

Hochschule Düsseldorf. (n.d.). ANSAB. [Online]. Verfügbar unter: https://soz-kult.hs-duesseldorf.de/forschung/forschungsaktivitaeten/einrichtungen/difa/AN-SAB.

Hogrefe Verlag. (2021). Salutogenese. Abgerufen von https://dorsch.hogrefe.com/stichwort/salutogenese

Lukas, E. (1994). Psychotherapie in Würde. Sinnorientierte Lebenshilfe nach Viktor E. Frankl. München: Quintessenz.

Petzold, H. (1993a). Goffin, J., Oudhoff, J.: Protektive Faktoren und Prozesse. In: Petzold, H., Sieper, J. (Hrsg.): Integration und Kreation. Modelle und Konzepte der Integrativen Therapie, Agogik und Arbeit mit kreativen Medien 2 Bde. Paderborn: Junfermann.

Pfingsten, M., Flor, H. & Nilges, P. (2015). Psychologie und Schmerz in Deutschland. *Schmerz* 29, 544–549. https://doi.org/10.1007/s00482-015-0047-8

Roch, S., Hampel, P. (2019). Modelle von Gesundheit und Krankheit. In: Haring, R. (eds) Gesundheitswissenschaften. Springer Reference Pflege – Therapie – Gesundheit. Springer, Berlin, Heidelberg. https://doi.org/10.1007/978-3-662-58314-2_23

Schiffer, E. (2001). Wie Gesundheit entsteht. Salutogenese: Schatzsuche statt Fehlerfahndung. Weinheim: Beltz.

SKM e.V. Köln (2002). Gesamtkonzeption für den Fachbereich Drogen- und Aids-Hilfe. UHL, S./ REICH, B. In: Thema Jugend. Mit und ohne Stiefel. Zeitschrift für Jugendschutz und Erziehung, Nr.1/2001.

Vongehr, S. (2022). Suchthilfe und Suchtprävention als Aufgabe des Öffentlichen Gesundheitsdienstes. Wiesbaden: Springer.

Wolf-Kühn, N. & Morfeld, M. (2016). Rehabilitationspsychologie. Wiesbaden: Springer Fachmedien.